Impressum
Verlag: BABADADA GmbH, Nedderfeld 112 , 22529 Hamburg
Geschäftsführer / Verlagsleitung: Harald Hof
Druck: Books on Demand GmbH, In de Tarpen 42, 22848 Norderstedt

Imprint
Publisher: BABADADA GmbH, Nedderfeld 112 , 22529 Hamburg, Germany
Managing Director / Publishing direction: Harald Hof
Print: Books on Demand GmbH, In de Tarpen 42, 22848 Norderstedt

duɗal
school

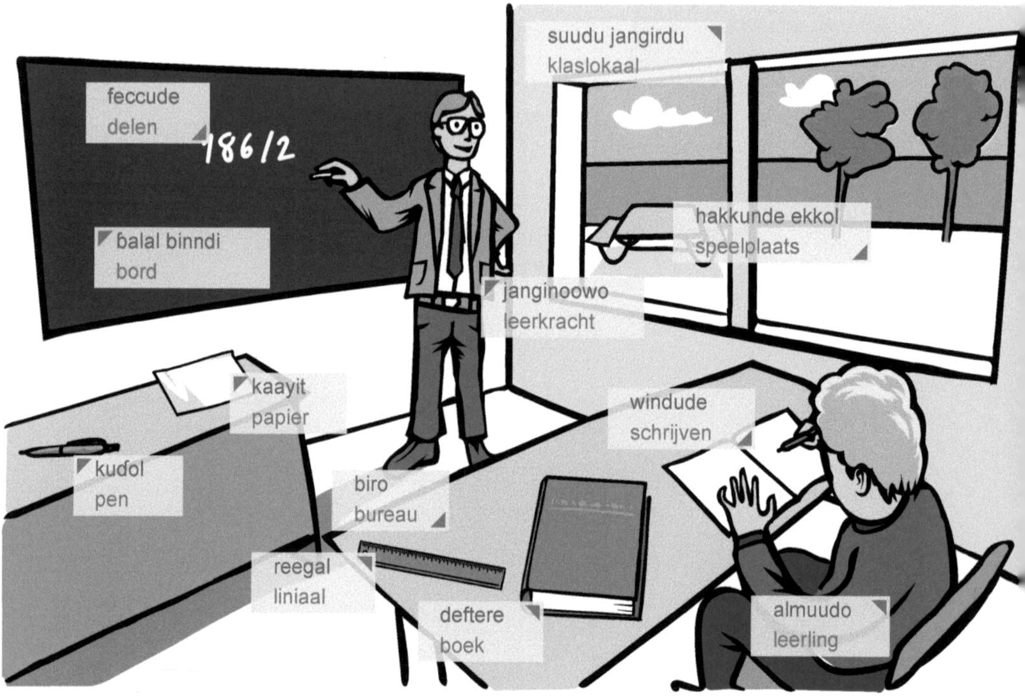

suudu jangirdu
klaslokaal
feccude
delen
186/2
ɓalal binndi
bord
hakkunde ekkol
speelplaats
janginoowo
leerkracht
kaayit
papier
windude
schrijven
kuɗol
pen
biro
bureau
reegal
liniaal
deftere
boek
almuudo
leerling

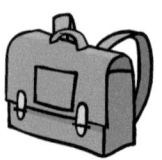

kartaabal

schooltas

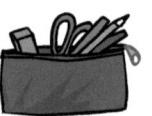

moftirdo kereyonji

pennenzak

kereyo

potlood

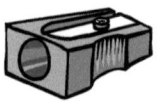

ceeɓnirgel kereyon

puntenslijper

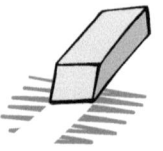

momtirgel

gom

alluwal ciifirgal

tekenblok

ciifgol

tekening

limsere pentirteeɗo

verfborstel

suwo pentirɗo

verfdoos

sisooji

schaar

ɗakkorgal

lijm

deftere ekkorgal

werkboek

golle janŋde

huiswerk

12

niimara

nummer

2+2

ɓeydude

optellen

5-2

ustude

aftrekken

2×2

ɓeydude keeweendi

vermenigvuldigen

qimaade

rekenen

A

ɓataake

letter

ABCDEFG
HIJKLMN
OPQRSTU
VWXYZ

karfeeje

alfabet

hello

kongol

woord

bindol

tekst

jangude

Lezen

bindirgal

krijt

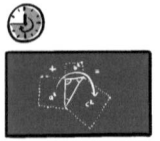

darsu

les

winditaade

klassenboek

egsame

examen

sartifika

certificaat

comcol duɗal

schooluniform

janŋde

onderwijs

ansikolopedi

encyclopedie

duɗal jaaɓi haɗtirde

universiteit

mikoroskop

microscoop

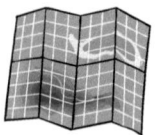

kartal

kaart

suwo kurjut

papiermand

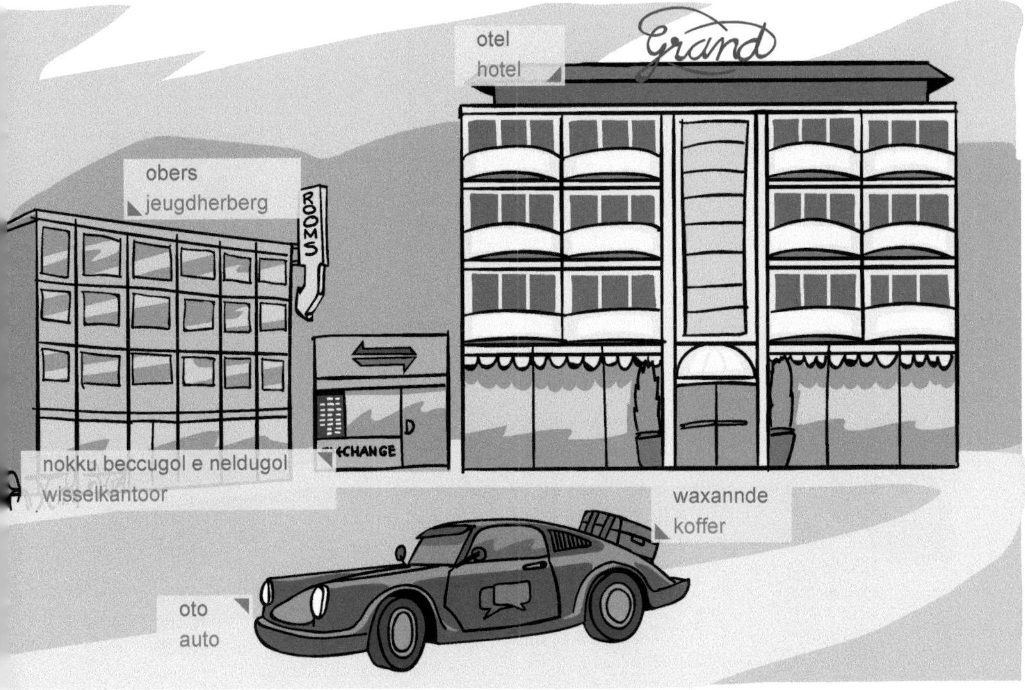

otel
hotel
Grand
obers
jeugdherberg
ROOMS
nokku beccugol e neldugol
wisselkantoor
EXCHANGE
waxannde
koffer
oto
auto

ɗemngal
Taal

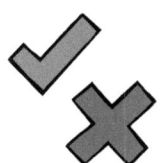

Eey / ala
ja / nee

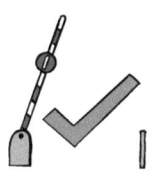

Moyƴi
oké

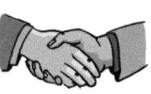

mbaɗɗa
hallo

pirtoowo
vertaler

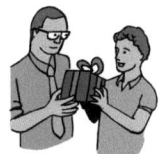

A jaraama
bedankt

no foti...?

Hoeveel kost ...?

Mi faamaani

Ik begrijp het niet

hanmi

probleem

Jam hiri!

Goedenavond!

Jam waali!

Goedemorgen!

Mbaalen e jam!

Goedenavond!

ñande woɗnde

Tot ziens

laawol

richting

bagaas

bagage

saawdu

zak

saawdu wambateendu

rugzak

koɗo

gast

suudu

kamer

njegenaaw

slaapzak

caalel ladde

tent

kabaruuji tuurist

toeristeninformatie

tufnde

strand

kartal banke

kredietkaart

kacitaari

ontbijt

bottaari

lunch

hiraande

avondeten

biye

ticket

suutde

lift

tampon

postzegel

keerol

grens

duwaan

douane

ambasad

ambassade

wiisa

visum

paaspoor

paspoort

taraspoor
transport

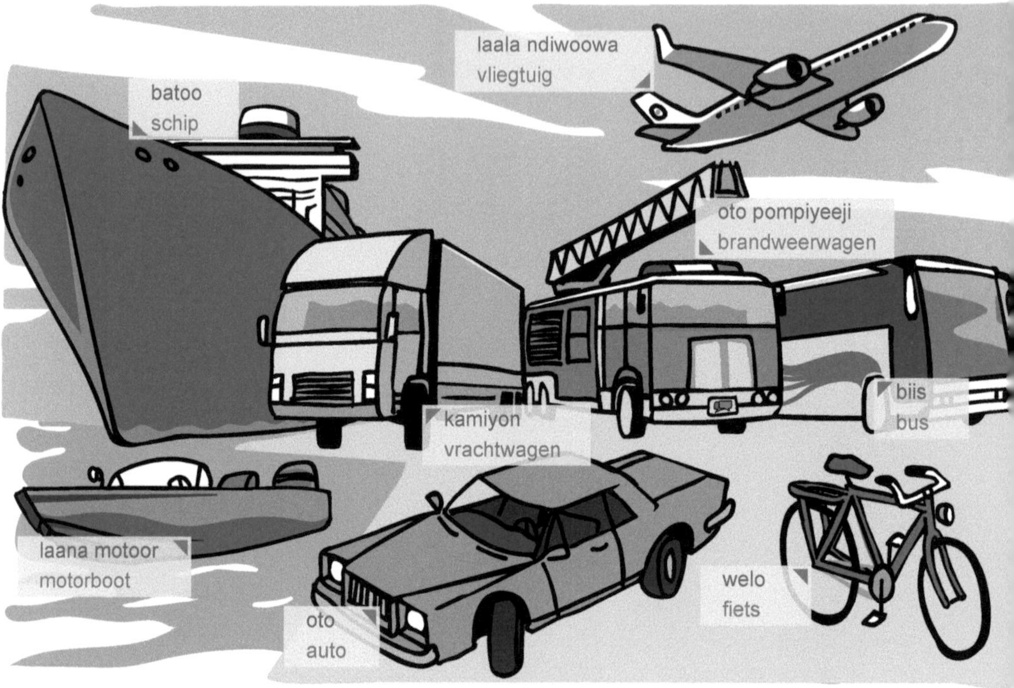
laala ndiwoowa
vliegtuig
batoo
schip
oto pompiyeeji
brandweerwagen
biis
bus
kamiyon
vrachtwagen
laana motoor
motorboot
welo
fiets
oto
auto

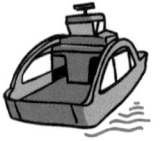

batoo

veerboot

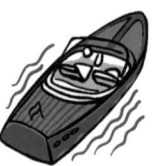

laana

boot

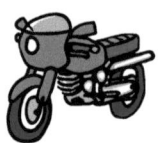

welo

motor

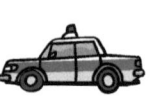

oto polis

politiewagen

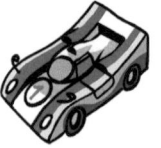

oto dogirteeɗo

racewagen

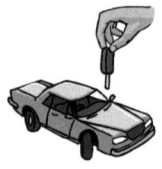

oto luwateeɗo

huurauto

dendugol oto

carpoolen

oto dandoowo goɗɗo

sleepwagen

oto kurjut

vuilniswagen

motoor

motor

karbiran

benzine

nokku esaans

benzinestation

tintinooje yaangarta

verkeersbord

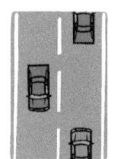

yaa ngarta

verkeer

jiiɓo yaa ngarta

file

dingiral otooji

parkeerplaats

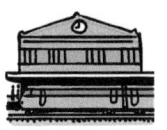

dingiral laana leydi

station

laaɓi

sporen

laana leydi

trein

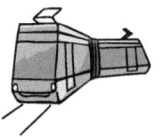

laana ndegoowa

tram

saret

wagon

elikopteer

helikopter

ayrepoor

luchthaven

tuur

toren

wonɓe e laana

passagier

konteneer

container

karton

karton

duñirgel kaake

kar

basket

mand

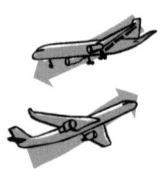

diwde / juuraade

opstijgen / landen

wuro mowngu

stad

wuro

dorp

hakkunde wuru wowngo

stadscentrum

galle

huis

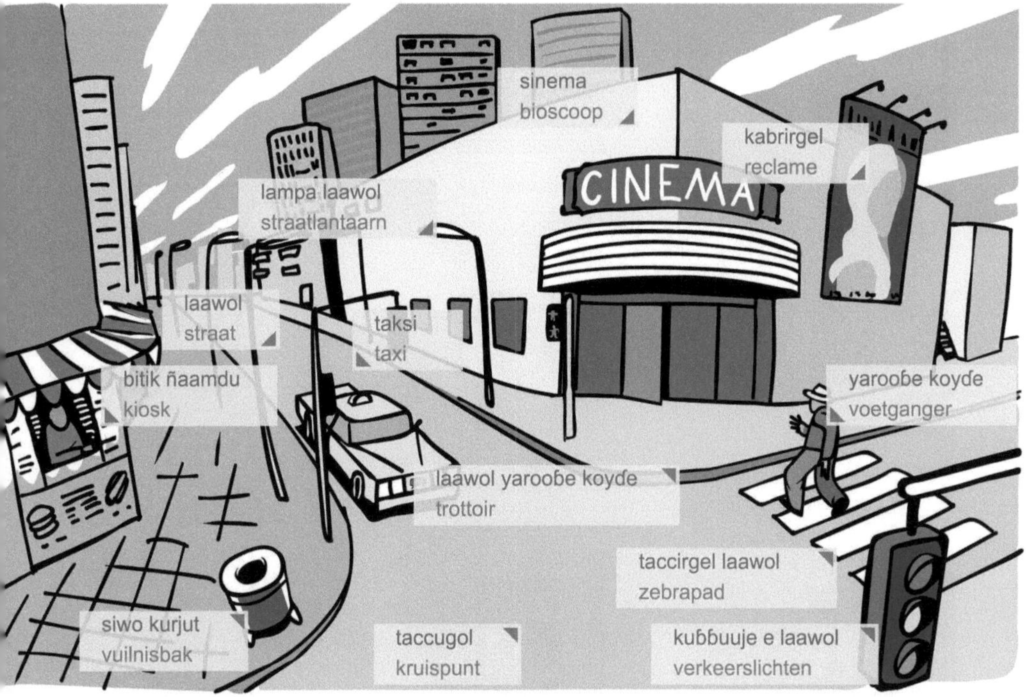

sinema
bioscoop

kabrirgel
reclame

lampa laawol
straatlantaarn

CINEMA

laawol
straat

taksi
taxi

bitik ñaamdu
kiosk

yaroobe koyɗe
voetganger

laawol yaroobe koyɗe
trottoir

taccirgel laawol
zebrapad

siwo kurjut
vuilnisbak

taccugol
kruispunt

kubɓuuje e laawol
verkeerslichten

tiba
....
hut

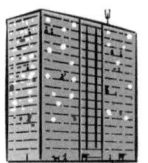

ko foti
....
woning

dingiral laana leydi
....
station

meeri
....
stadshuis

miise
....
museum

duɗal
....
school

dudal jaaɓi haɗtirde

universiteit

banke

bank

suudu safirdu

ziekenhuis

otel

hotel

farmasi

apotheek

gollirgal

kantoor

suudu defte

boekwinkel

bitik

winkel

jeyoowo fuloraaji

bloemenwinkel

sipermarse

supermarkt

jeere

markt

madase mawɗo

warenhuis

jeyoowo liɗɗi

vishandelaar

nokku coodateeɗo

winkelcentrum

poor

haven

park
park

joodorgal
bank

taccirgal
brug

ŋabbirɗe
trap

laawol metero
metro

laawul les leydi
tunnel

fongo biis
bushalte

baar
bar

restora
restaurant

buwaat postaal
brievenbus

lewñowel laawol
straatnaambord

to otooji ndaroto
parkeermeter

nokku kullon
zoo

pisin
zwembad

jama
moskee

ngesa

boerderij

gakkingol hendu

milieuverontreiniging

bammule

kerkhof

egiliis

kerk

dingiral

speelplaats

tampl

tempel

yiyande taariinde
landschap

baramlefol
blad

tugayal tintinirgal
wegwijzer

laawol
weg

Huɗo sukkuko
weide

haayre
steen

lekki
boom

ŋayloowo
wandelaar

maayo
rivier

huɗo
gras

fuloor
bloem

nokku kaañe mawɗe to ndiyam dogata

vallei

waande

heuvel

weedu

meer

ladde

bos

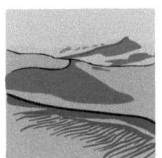

ladde yoornde

woestijn

wolkan

vulkaan

satoo

kasteel

timtimol

regenboog

sampiñon

paddenstoel

leki palm

palmboom

ɓowngu

mug

diwde

vlieg

njabala

mier

mbuubu ñaak

bijl

njabala

spin

hoowoyre keppoore

kever

faabru

kikker

doomburu ladde

eekhoorn

sammunde

egel

fowru

haas

pubbuɓal

uil

colel

vogel

kakeleewal ladde

zwaan

mbabba tugal

wild zwijn

lella

hert

Nagge nde gallaɗi cate

eland

baraas

dam

masiŋel battowel hendu
jeynge

windturbine

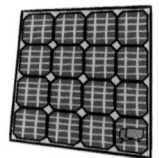

Lowowel nguleeki

zonnepaneel

kilima

klimaat

restora

restaurant

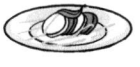

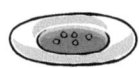

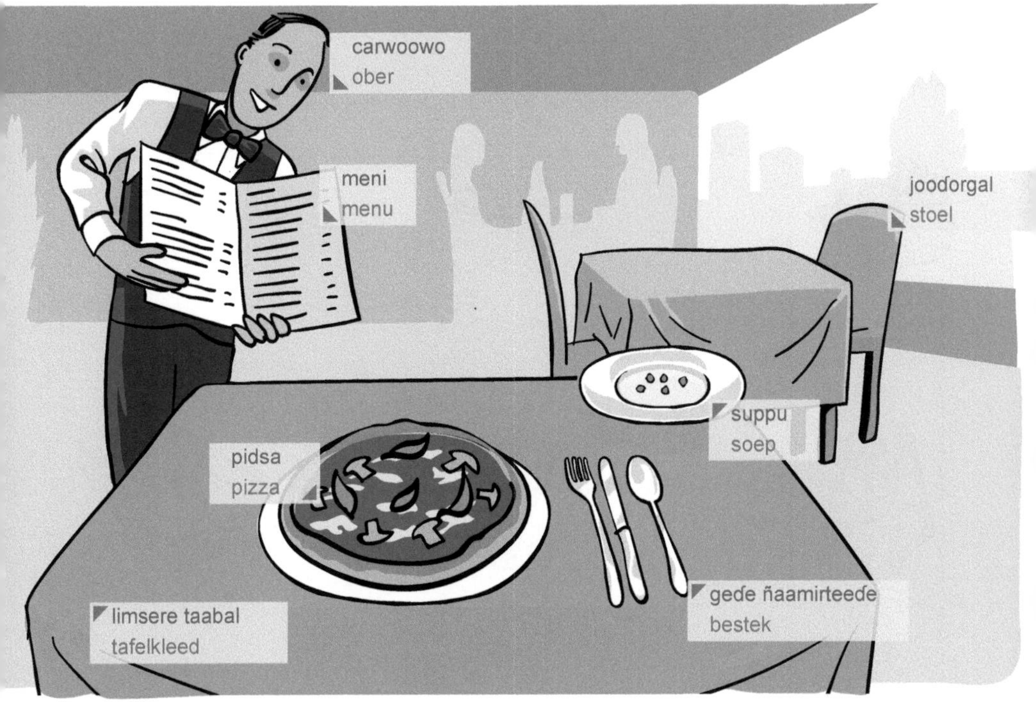
carwoowo
ober
meni
menu
joodorgal
stoel
suppu
soep
pidsa
pizza
limsere taabal
tafelkleed
gede ñaamirteede
bestek

tongitirgel
....
voorgerecht

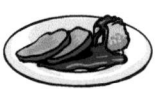

ñaamdu nguraandi
....
hoofdgerecht

tuftorogol
....
nagerecht

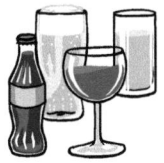

njaram
....
drankjes

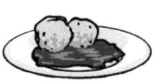

ñaamdu
....
eten

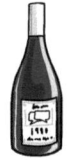

butel
....
fles

fast fud

fastfood

ñaamdu laawol

street food

baraade

theepot

cupayel suukara

suikerpot

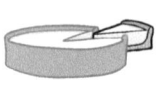

geɗel

portie

Masinŋ kafe

espressomachine

jooɗorgal toowngal

kinderstoel

biye

rekening

ñorgo

dienblad

paaka

mes

furset

vork

kuddu

lepel

nokkere kuddu

theelepel

sarbet

serviette

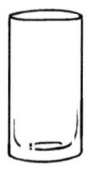

weer

glas

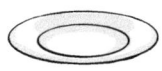

palaat
bord

palaat suppu
soepbord

cupayel
schoteltje

soos
saus

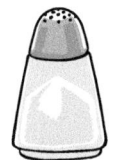

pot lamđam
zoutvatje

moññirgal poobar
pepermolen

bineegara
azijn

nebam
olie

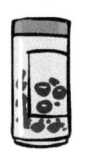

kaađnooje
kruiden

ketsap
ketchup

muttard
mosterd

mayonees
mayonaise

sipermarse
supermarkt

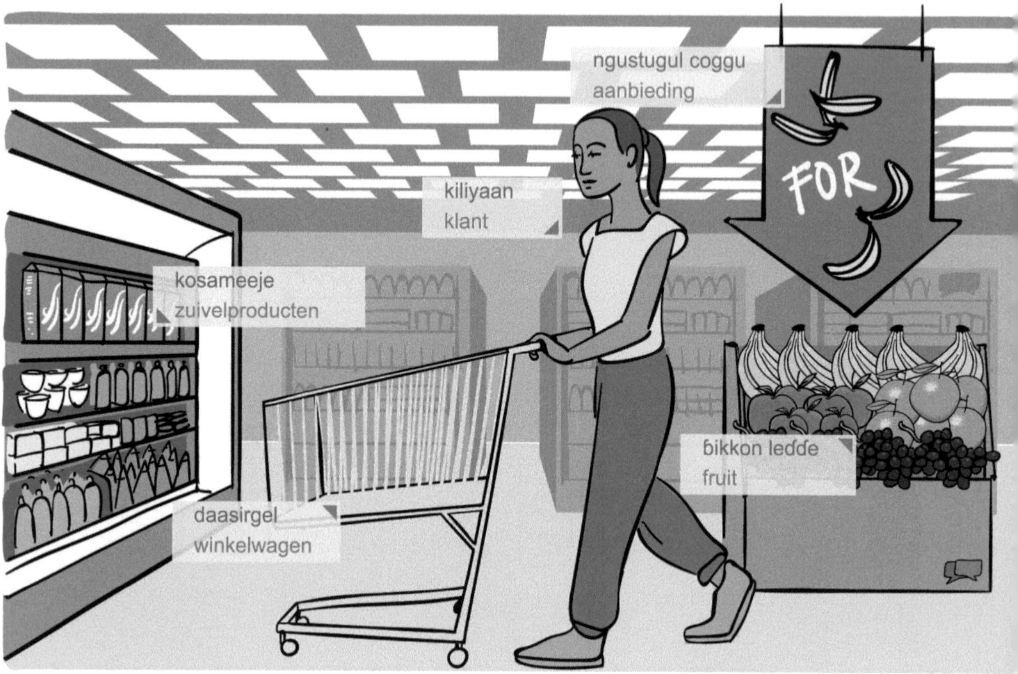

ngustugul coggu
aanbieding
FOR
kiliyaan
klant
kosameeje
zuivelproducten
ɓikkon leɗɗe
fruit
daasirgel
winkelwagen

BUTCHERS

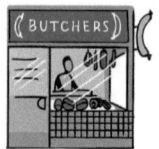

jeyoowo teew nagge

slagerij

BAKERY

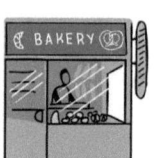

juɗoowo mburu

bakkerij

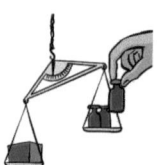

ɓetde

wegen

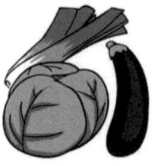

lijim

groenten

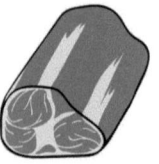

teew

vlees

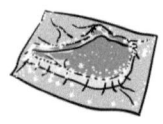

ñaamdu ɓumnaandu

diepvriesvoedsel

teew moftaaɗo

charcuterie

ñaamdu nder buwat

conserven

condi lawyirteendu

waspoeder

bonboonji

snoep

geɗe ngurdaaɗe

huishoudproducten

porodiwiiji laaɓnirni

schoonmaakproducten

julaaajo

verkoopster

haa

kassa

kestotooɗo

kassier

limto coodateeɗi

boodschappenlijstje

waktuuji golle

openingstijden

kalbe

portefeuille

kartal banke

kredietkaart

saak

tas

saak dalli

plastieken zakje

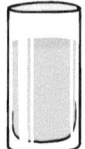

ndiyam

water

njaram

sap

kosam

melk

ẏulmere

cola

sangara

wijn

sangara

bier

sangara

alcohol

kakao

cacao

ataaya

thee

kafe

koffie

kafe jon jooni

espresso

kafe italinaabe

cappuccino

banaana

banaan

pom

appel

oraas

sinaasappel

dende

meloen

limonŋ

citroen

karot

wortel

laay

knoflook

lekki bambu

bamboe

basalle

ajuin

sampiñon

champignon

gerte

noten

espageti

noodles

espageti

spaghetti

maaro

rijst

salaat

salade

firit

frieten

faatat cahaaɗo

gebakken aardappelen

pidsa

pizza

amburgeer

hamburger

sandiwis

sandwich

buhal baddangal e lijim

kalfslapje

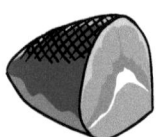

buhal teew

ham

kaane biyeteeɗo sosison

salami

sosis

worst

gertogal

kip

defaɗum

braden

liingu

vis

ndefu gabbe kuwakeer
....
havervlokken

njilbundi aɓuwaan e gabbe goɗɗe
....
muesli

kornfelek
....
cornflakes

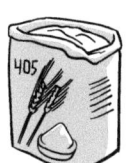

farin
....
bloem

kurwasa
....
croissant

pe o le
....
pistolet

mburu
....
brood

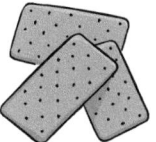

mburu juɗaaɗo
....
toast

mbiskit
....
koekjes

nebam boor
....
boter

kosam kaaɗɗam
....
kwark

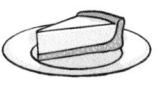

gato
....
taart

boccoonde
....
ei

moccoonde fasnaande
....
spiegelei

foromaas
....
kaas

kerem galaas

ijs

suukara

suiker

njuumri

honing

teew nagge

confituur

nirkugol sokkola

choco

suppu kaane

curry

ngesa
boerderij

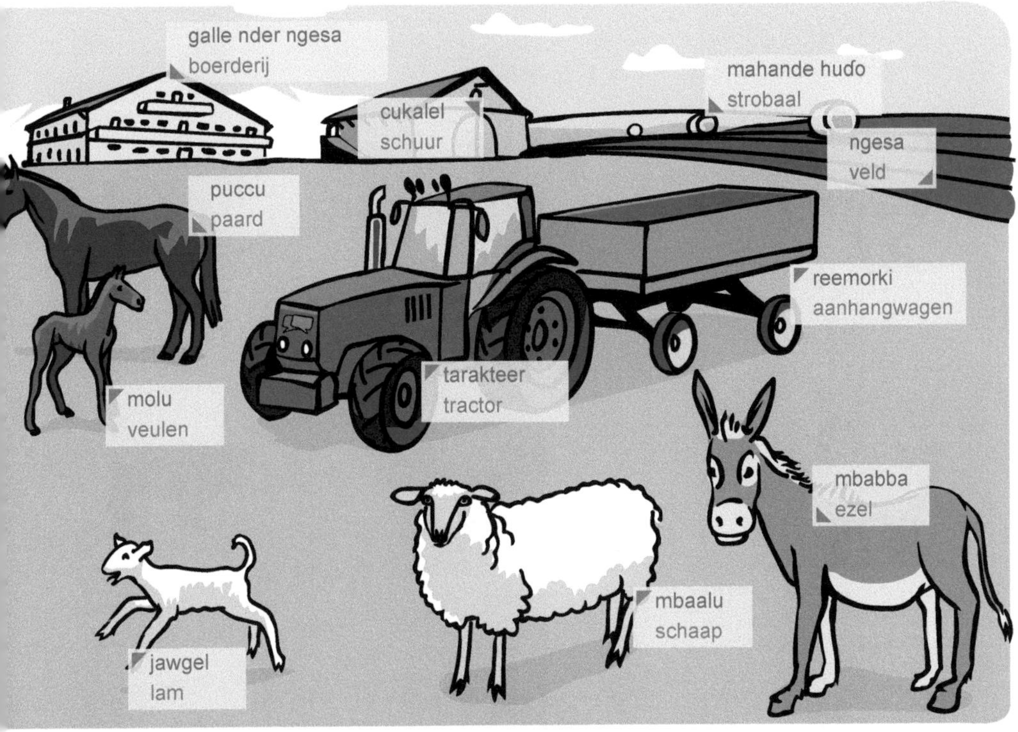

galle nder ngesa
boerderij
cukalel
schuur
mahande huɗo
strobaal
ngesa
veld
puccu
paard
reemorki
aanhangwagen
tarakteer
tractor
molu
veulen
mbabba
ezel
mbaalu
schaap
jawgel
lam

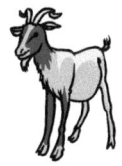

ndamdi

geit

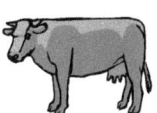

nagge

koe

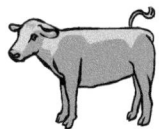

mbeewa

kalf

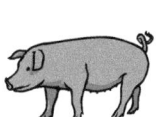

mbabba tugal

varken

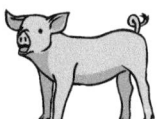

ɓingel mbabba tugal

biggetje

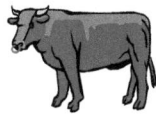

ngaari ladde

stier

jarlal ladde

gans

gerlal

eend

cofel

kuiken

jarlal

kip

ngori

haan

doomburu

rat

ullundu

kat

doomburu

muis

nagge

os

rawaandu

hond

nokku dawaaɗi

hondenhok

tiwo sardin

tuinslang

doosirgal

gieter

wofdu mawndu

zeis

masinŋ demoowo

ploeg

wofdu

sikkel

coppirgal

schoffel

rato

hooivork

hakkunde

bijl

buruwet

kruiwagen

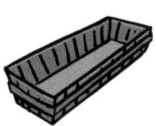

mbalka

trog

kosam buwat

melkkan

saak

zak

kalasal galle

hek

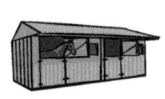

nokku pucci

stal

inexistant

broeikas

leydi

bodem

abbere

zaad

nguurtinooje leydi

mest

masinŋ coñirteeɗo

maaidorser

soñde
oogsten

soñde
oogst

ñambi
yam

bele
tarwe

soja
soja

faatat
aardappel

maka
maïs

abbere lekki kolsa
koolzaad

lekki firwiiji
fruitboom

ñambi
maniok

sereyaal
graan

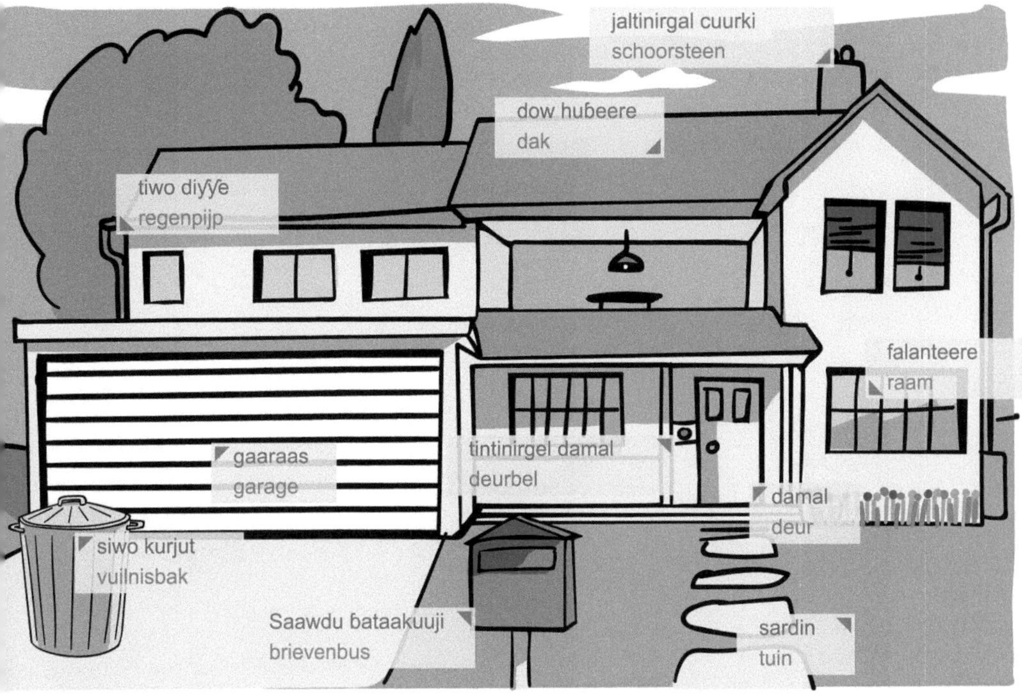

jaltinirgal cuurki
schoorsteen

dow huɓeere
dak

tiwo diyƴe
regenpijp

falanteere
raam

gaaraas
garage

tintinirgel damal
deurbel

damal
deur

siwo kurjut
vuilnisbak

Saawdu bataakuuji
brievenbus

sardin
tuin

suudu yeewtere
woonkamer

tarodde
badkamer

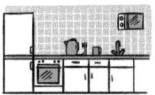

waañ
keuken

suudu waalduru
slaapkamer

suudu sakaaɓe
kinderkamer

suudu hiraande
eetkamer

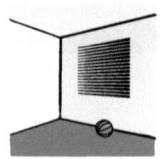

karawal
vloer

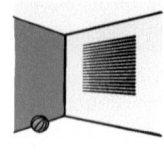

ɓalal
muur

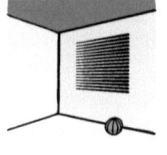

asamaan suudu
plafond

faawru
kelder

soona e ɗemngal farase
sauna

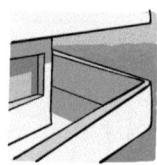

balko
balkon

teeraas
terras

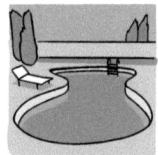

pisin
zwembad

keefoowo huɗo
grasmaaier

darap
dekbedovertrek

darap
dekbed

leeso
bed

pittirgal
bezem

suwo
emmer

ñifirgel
schakelaar

suudu yeewtere
woonkamer

nataal
behangpapier
nataal
foto
lampa
lamp
etaseer
schap
bahe
kast
tele
televisie
jaltinirgel cuurki
open haard
fuloor
bloem
njegenaaw
kussen
fotooy
sofa
ciwirgal njaram
vaas
deengol ko woɗɗi
afstandsbediening

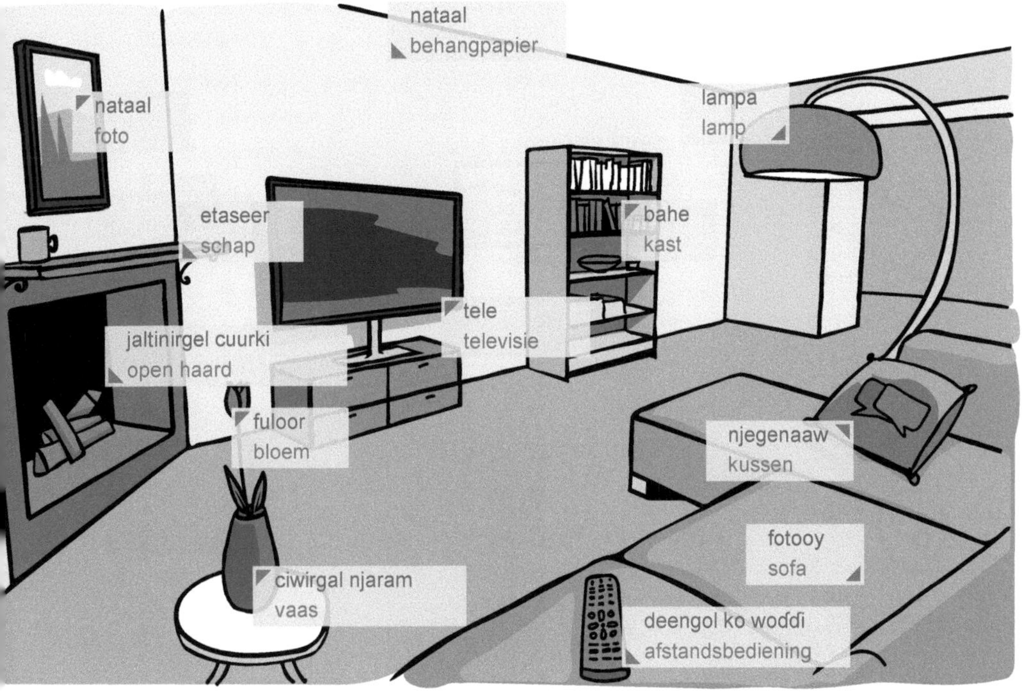

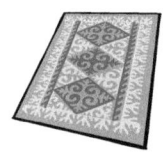

tappi

mat

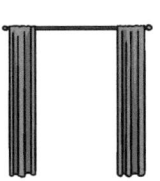

rido

gordijn

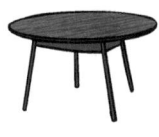

taabal

tafel

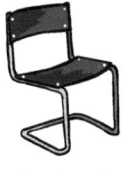

jooɗorgal

stoel

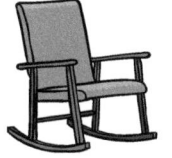

jooɗorgal timmungal

schommelstoel

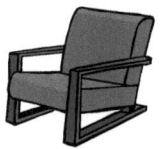

jooɗorgal tuggateengal

fauteuil

deftere
boek

cuddirgal
deken

jooɗnugol
decoratie

leɗɗe kuɓɓateeɗe
brandhout

filmo
film

materiyel hi-fi
stereo-installatie

coktirgal
sleutel

kaayit kabaruuji
krant

pentirgol
schilderij

posteer
poster

rajo
radio

teskorgel
notitieboekje

boɗowel pusiyeer
stofzuiger

kaktis
cactus

sondel
kaars

waañ
keuken

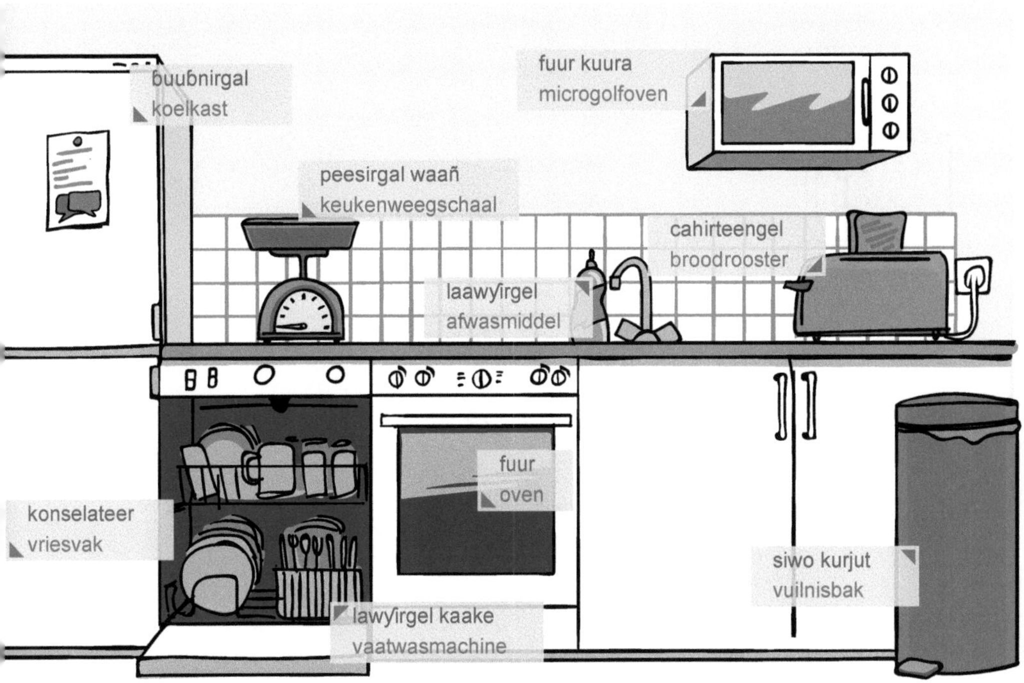
buuɓnirgal
koelkast
fuur kuura
microgolfoven
peesirgal waañ
keukenweegschaal
cahirteengel
broodrooster
laawƴirgel
afwasmiddel
fuur
oven
konselateer
vriesvak
siwo kurjut
vuilnisbak
lawƴirgel kaake
vaatwasmachine

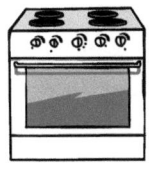

fuurno

fornuis

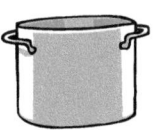

pot

pot

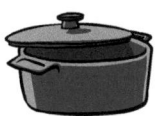

barme

gietijzeren pot

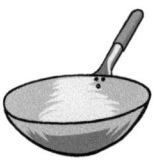

kasorol

wok / kadai

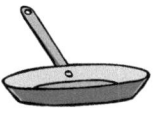

kasorol

pan

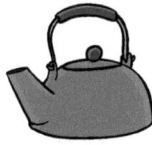

satalla

waterkoker

suppere defirteende

stoomkoker

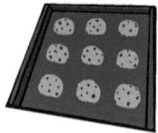

pool defirteeɗo

bakplaat

lawƴugol kaake

servies

pot jarduɗo

mok

suppeere

kom

ñiɓirgon ñaamdu

eetstokjes

kuddu luus

pollepel

kayit ɗakirteeɗo

spatel

iirtude

garde

ceɗirgel

vergiet

tame

zeef

keefirgel

rasp

moññirgal

mortier

juɗgol

barbecue

jeyngol e henndu

haardvuur

coppirgal

snijplank

degnirgel ñaamdu
feewnateendu

deegrol

udditirgel butel

kurkentrekker

buwaat

blik

udditirgel buwat

blikopener

nangirgel pot

pannenlap

siimtude

gootsteen

boros

borstel

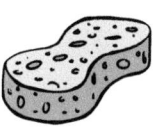

eppoos

spons

jiibirgel

blender

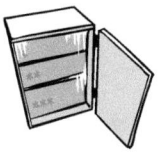

battowel galaas

vriezer

jardugel tiggu

papfles

robine

kraan

tarodde
badkamer

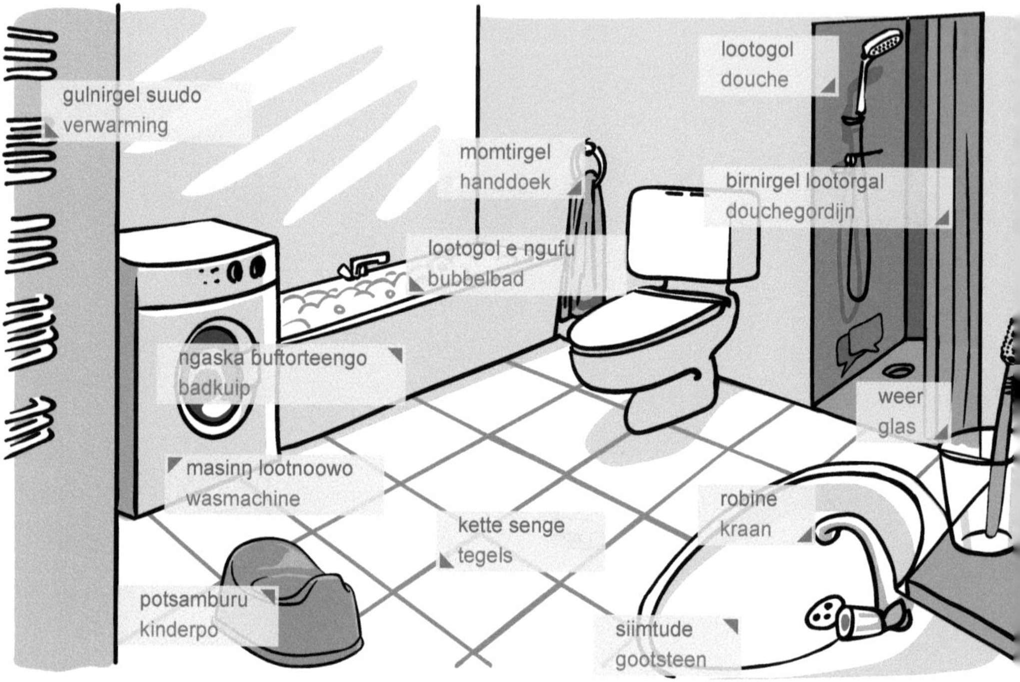
gulnirgel suudo
verwarming
momtirgel
handdoek
lootogol
douche
birnirgel lootorgal
douchegordijn
lootogol e ngufu
bubbelbad
ngaska buftorteengo
badkuip
masinŋ lootnoowo
wasmachine
weer
glas
robine
kraan
kette senge
tegels
potsamburu
kinderpo
siimtude
gootsteen

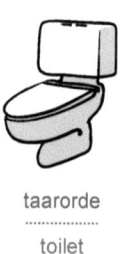

taarorde
toilet

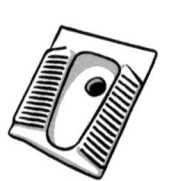

joɗorgal kuwirteengal
hurktoilet

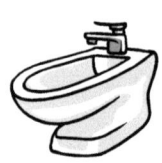

biisirgel ndiyam
bidet

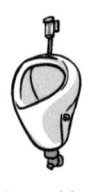

taarodde
urinoir

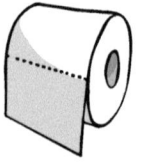

kaayit momtirɗo
toiletpapier

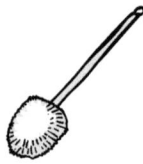

boros taarorde
toiletborstel

coccorgal ƴiiye

tandenborstel

sabunde ƴiiye

tandpasta

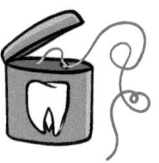

gaarowol ñiire

flosdraad

lawƴude

wassen

ɓoggol lootirteengol

handdouche

ɓuftogol

bidethanddouche

loowirteengel

waskom

demirgel huɗo

rugborstel

sabunnde

zeep

saabunde ɓuftorteende

douchegel

sampoye

shampoo

limsere wiro

washandje

ciiygol

afvoer

kerem

crème

uurnirgel

deodorant

daandorgal

spiegel

daandorgal pamoral

handspiegel

pembirgel

scheermes

ngufu pembol

scheerschuim

moomiteengel pembol

aftershave

yeesoode

kam

boros

borstel

joornirgel sukunndu

haardroger

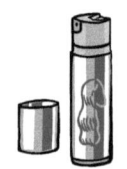

peewnirgel sukunndu

haarlak

makiyaas

make-up

joodirgel toni

lippenstift

momtirgel cegeneeji

nagellak

garowol wiro

watten

siso cegeneeji

nagelknipper

parfon

parfum

waxande lootorgal
toilettas

kuudi
kruk

peesirgal
weegschaal

wutte cuftorteeɗo
badjas

gaŋuuji dalli
latex handschoenen

momtirer ƴiiƴam ella
tampon

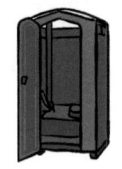

kuus tiggu
maandverband

lootogol simik
chemisch toilet

suudu sakaaɓe
kinderkamer

pindinirgel
wekker
kullel fijirde
knuffel
oto pijirgel
speelgoedauto
dillere
rammelaar
galle pijirgel
poppenhuis
hannde
geschenk

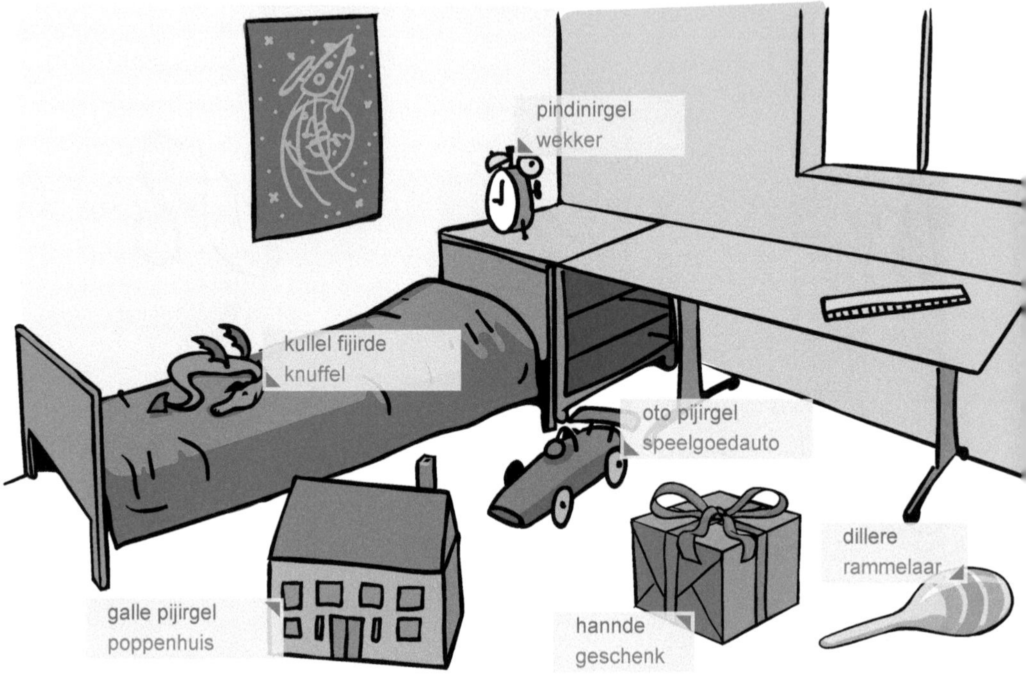

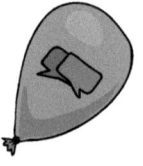

sumalle dalli

ballon

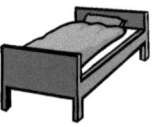

leeso

bed

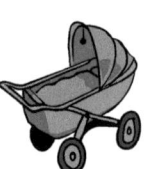

duñirgel tiggu

kinderwagen

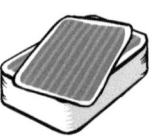

nokkere karte

spel kaarten

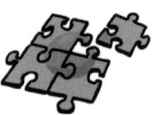

fijirde lombondirgol

puzzel

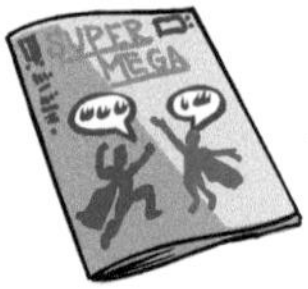

njalniika

stripboek

pijirgel tuufeeje

legoblokjes

tuufeeje

blokken

pijirgel

actiefiguur

comcol tiggu

kruippakje

palaat diwwoow

frisbee

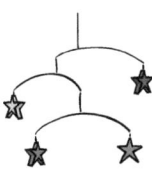

noddirgel

mobiel

pijirgel

bordspel

dee

dobbelsteen

ñemtinirgel laana ndegoowa

modelspoorweg

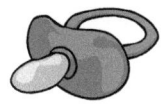

neɗɗo fuuunti

fopspeen

fijirde

feest

deftere nate

prentenboek

bal

bal

puppe

pop

fijde

spelen

mbalka ceenal

zandbak

beeltirgal

schommel

pijirgel

speelgoed

pijiteengel see widewo

spelconsole

welo biifi tati

driewieler

pijirgel kullel urs

knuffelbeer

armuwaar

kleerkast

comcol

kleding

kawase

sokken

kawase

kousen

tuubayon bittukon

maillot

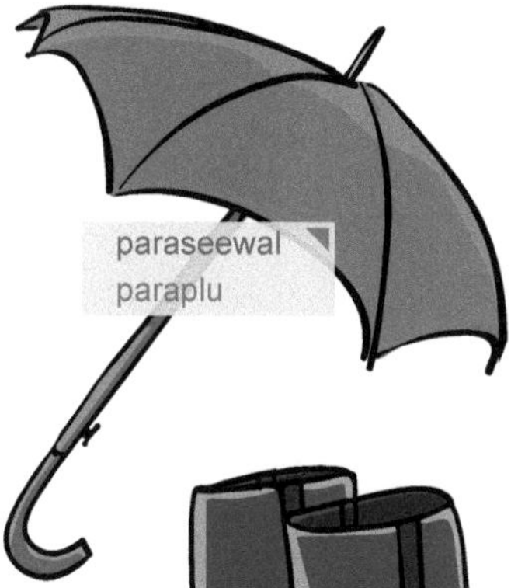

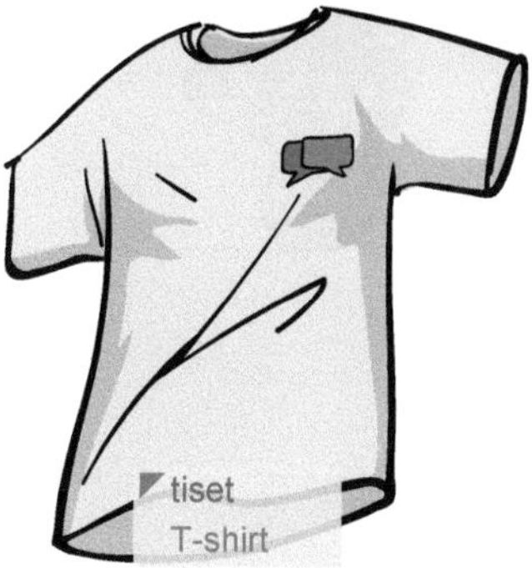

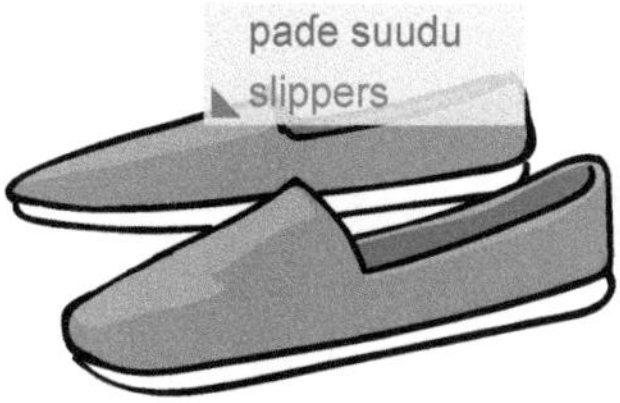

musuuro
sjaal

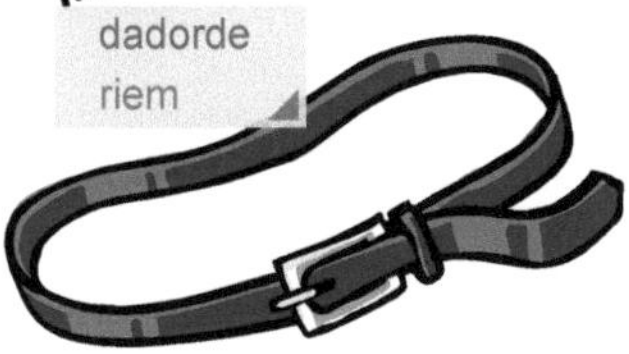

paraseewal
paraplu

tiset
T-shirt

dadorde
riem

pade toowde
laarzen

pade suudu
slippers

pade bokkateede
sneakers

pade diwa

sandalen

pade

schoenen

padde toowde lirotoode

rubberlaarzen

cakkirdi

onderbroek

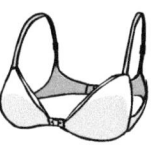

sucengors

beha

silet

onderhemd

banndu

lichaam

tuuba

broek

jiin

jeans

robbo

rok

buluson

blouse

simis

hemd

piliweer

trui

weste nebbu

capuchontrui

layset

blazer

jaget

jas

weste juuɗɗo

jas

wutte toɓo

regenjas

kostim

kostuum

robbo

jurk

robbo yange

trouwjurk

weste
pak

wutte baalduɗo
nachthemd

pijama
pyjama

sari
sari

muusooro
hoofddoek

kaala
tulband

kaala
boerka

sabndoor
kaftan

abbaay
abaya

comcol lumbirogol
badpak

cakkirɗi
zwembroek

kilot
short

joogin
trainingspak

limsere deffowo
schort

gaŋuuji
handschoenen

boɗɗirgel

knoop

lone

bril

jawo

armband

cakka

ketting

feggere

ring

hootonde

oorbel

laafa

pet

liggirgal weste

kapstok

laafa

hoed

karawat

das

zip

rits

laafa ndeenka

helm

ganŋ

bretellen

comcol duɗal

schooluniform

iniform

uniform

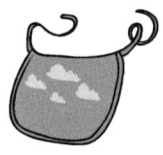

sarbetel daande

slabbetje

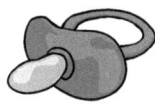

neɗɗo fuuunti

fopspeen

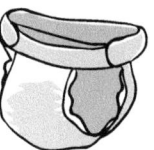

kuus

luier

gollirgal
kantoor

serveer
server
baxane doodiyeeji
dossierkast
kaayit
papier
jaltinirgel kaayit
printer
ekaran
monitor
suuri
muis
biro
bureau
caawiirgel doosiyeeji
map
tappirde
toestenbord
suwo kurjut
papiermand
ordinateer
computer
joodorgal
stoel

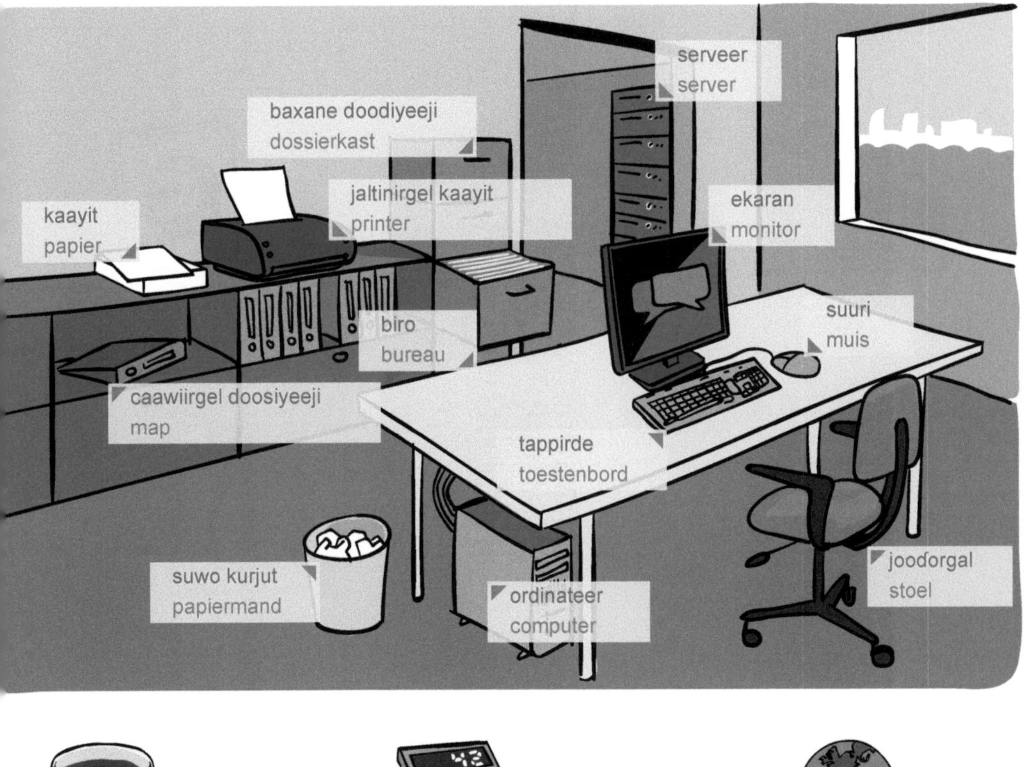

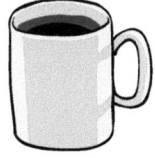

kuppu kafe

koffiemok

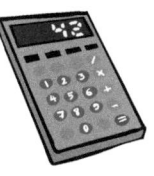

qiimorgal

rekenmachine

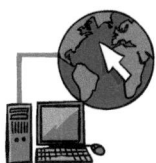

enternet

internet

ordinateer beelnateeɗo

laptop

bataake

brief

bataake

bericht

noddirgel

gsm

reso

netwerk

cottitirgel

kopieerapparaat

losisiyel

software

noddirgel

telefoon

ceŋirgel ɓoggol kuura

stopcontact

masinŋ faks

fax

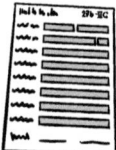

mbaadi

formulier

dokiman

document

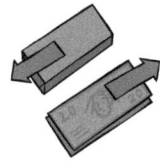

soodde

kopen

soodde

betalen

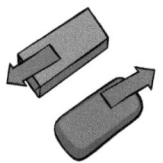

yeyde

handelen

kaalis

geld

USD

dolaar

dollar

EUR

eroo

euro

JPY

yen

yen

RUB

ruubal

roebel

CHF

faran Siwis

Zwitserse frank

CNY

yuwaan renminbi

Chinese renminbi

INR

rupii

roepie

masinŋ keestorɗo kaalis

geldautomaat

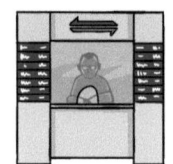

nokku beccugol e neldugol

wisselkantoor

kanŋe

goud

kaalis

zilver

esaans

olie

sembe

energie

coggu

prijs

kontara

contract

taks

belasting

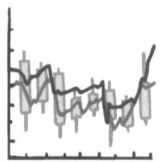

marsandiss moftaaɗo

aandeel

gollude

werken

gollinteeɗo

werknemer

gollinoowo

werkgever

isin

fabriek

bitik

winkel

dadiiɗo
politieagent

ñifooɓe jeyle
brandweerman

defoowo
kok

cafroowo
dokter

pilot
piloot

toppitiiɗo sardin
tuinman

minise
timmerman

ñootoowo
naaister

ñaawoowo
rechter

simist e ɗemngal farayse
chemicus

aktoor
acteur

dognoowo biis

buschauffeur

dognoowo taksi

taxichauffeur

gawoowo

visser

pittoowo

schoonmaakster

cengirɗe huɓeere

dakdekker

carwoowo

ober

daddoowo

jager

pentiroowo

schilder

piyoowo mburu

bakker

gollowo kuura

elektricien

mahoowo

bouwvakker

enseñeer

ingenieur

jeyoowo teew keso

slager

polombiyer

loodgieter

nawoowo ɓatakuuji

postbode

kooninke

soldaat

diidoowo ɓahanteeri

architect

kestotooɗo

kassier

jeyoowo fuloraaji

bloemist

mooroowo

kapper

dognoowo

conducteur

mekanisiyenŋ

mecanicien

kapiteen

kapitein

cafroowo ƴiiƴe

tandarts

miijotooɗo

wetenschapper

kellifaaɗo diine to israayel

rabbijn

imaam

imam

muwaan e e ɗemngal
farayse

monnik

kellifaaɗo diine heerereeɓe

geestelijke

kuutorɗe
werktuigen

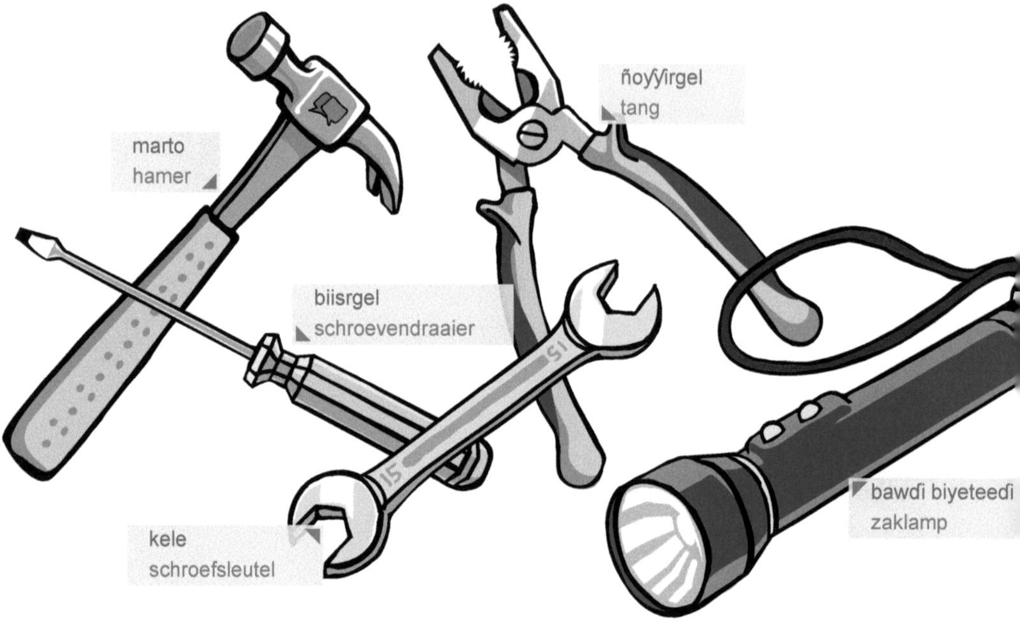
marto
hamer
ñoyƴirgel
tang
biisrgel
schroevendraaier
kele
schroefsleutel
bawɗi biyeteeɗi
zaklamp

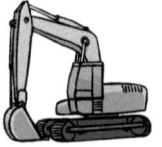

pikku
graafmachine

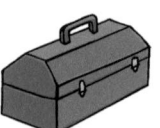

baxanel kaɓorɗe
gereedschapskoffer

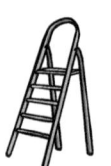

ŋabbirgal
ladder

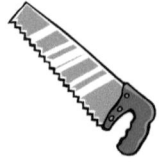

taƴirgal
zaag

ƴiɓirɗe
spijkers

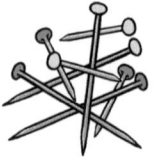

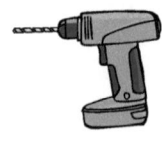

julirgal
boormachine

fewnitde

repareren

nokkirgel

schop

Soo!

Verdomme!

bΩftirgel kurjut

blik

pot penttiir

verfpot

wiisuuji

schroeven

kongirgon misik
muziekinstrumenten

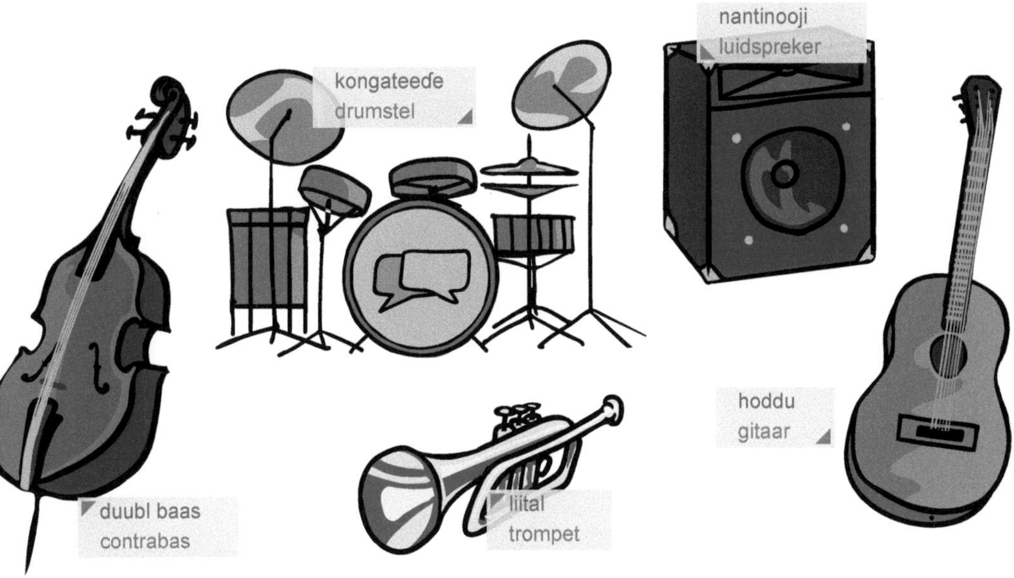

nantinooji
luidspreker

kongateeɗe
drumstel

hoddu
gitaar

duubl baas
contrabas

liital
trompet

piayaano

piano

wiyolon

viool

baas

basgitaar

bowɗi biyeteeɗi timpani

pauk

bawɗi

trommels

tappirgal

keyboard

saksofoon

saxofoon

nguurdu

fluit

mikoro

microfoon

nokku kullon

zoo

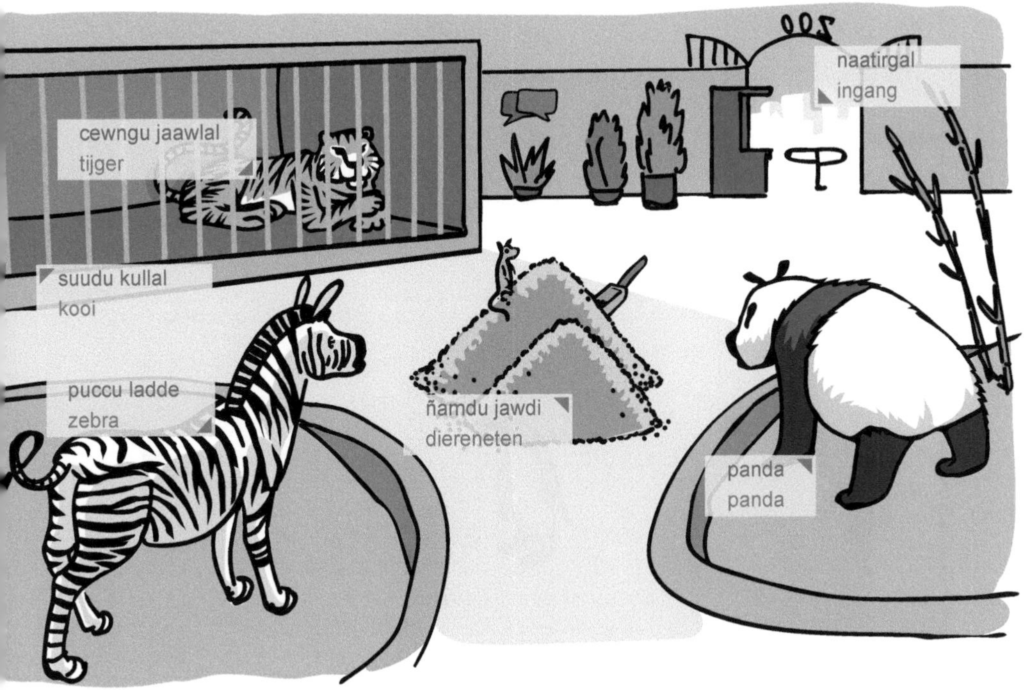

cewngu jaawlal
tijger
naatirgal
ingang
suudu kullal
kooi
puccu ladde
zebra
ñamdu jawdi
diereneten
panda
panda

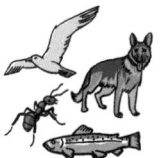

kulle

dieren

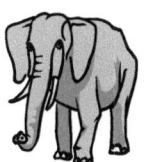

ñiiwa

olifant

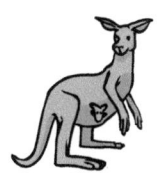

kanguru

kangoeroe

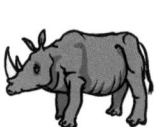

rinoseros

neushoorn

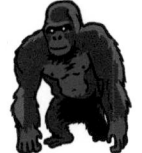

waandu mowndu

gorilla

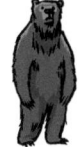

urs

beer

ngelooba

kameel

sundu ɓurndu mownude

struisvogel

mbaroodi

leeuw

waandu

aap

ñaaral pural

flamingo

seku

papegaai

urso galaas

ijsbeer

liingu wiyeteendu penguwe

pinguïn

lingu reke

haai

ndiwri wiyeteendu pawon

pauw

laadoori

slang

nooro

krokodil

deenoowo zoo

dierenverzorger

togoori ndiyam wiyeteendu
fok e farayse

zeehond

cewngu

jaguar

molu
pony

cewngu
luipaard

ngabu
nijlpaard

njabala
giraffe

ciilal
adelaar

mbabba tugal
wild zwijn

liingu
vis

heende
zeeschildpad

kullal biyeteengal morse
walrus

renaar
vos

lella
gazelle

Fuggukoyngel Amerknaaɓe
rugby

dognugol welo
wielrennen

tenis
tennis

beysbol
basketbal

lumbagol
zwemmen

fuggukoyngel e galaas
ijshockey

boks
boksen

Fuggukoyngel

voetbal

badminton

badminton

atelettuuji

atletiek

hanbol

handbal

fijirɗe deggol e nees

skiën

polo

polo

diwde
springen

buucaade
knuffelen

jalde
lachen

yaade
wandelen

yimde
zingen

hoydïtaade
dromen

juulde
bidden

buucaade
kussen

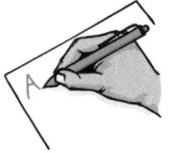

windude

schrijven

siifde

tekenen

hollude

tonen

duñde

duwen

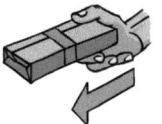

rokkude

geven

yettude

nemen

deñde

hebben

waðde

doen

wonde

zijn

ummaade

staan

dogde

lopen

fooðde

trekken

weddaade

gooien

yande

vallen

fende

liggen

sabbaade

wachten

roondaade

dragen

jooðaade

zitten

ƀoornaade

aankleden

ðaanaade

slapen

finde

ontwaken

ỹeewde

kijken naar

woyde

wenen

helde

aaien

yeesaade

kammen

haalde

praten

faamde

begrijpen

naamnaade

vragen

heɗaade

luisteren

yarde

drinken

ñaamde

eten

hawrinde

opruimen

yiɗde

houden van

defde

koken

dognude

rijden

diwde

vliegen

golle - activiteiten

65

awyŭde

zeilen

qimaade

rekenen

jangude

Lezen

jangude

leren

gollude

werken

resde

trouwen

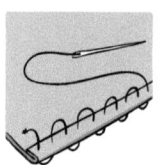

ñootde

naaien

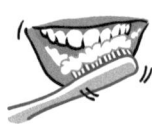

soccaade ỹiiỹe

tandenpoetsen

warde

doden

simmaade

roken

neldude

sturen

ɓesngu
familie

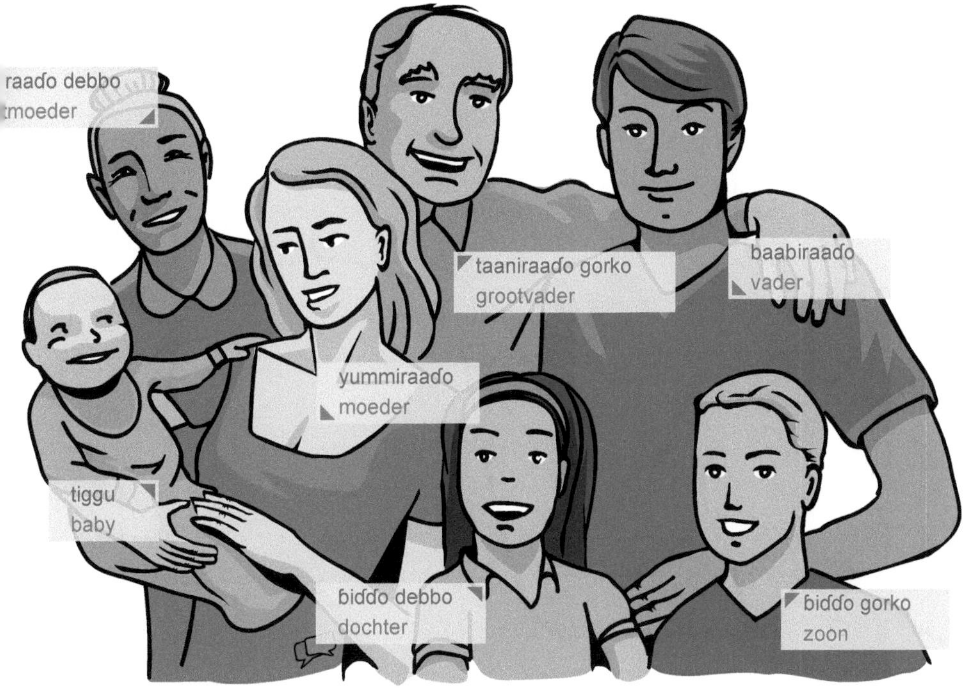

raaɗo debbo
tmoeder
taaniraaɗo gorko
grootvader
baabiraaɗo
vader
yummiraaɗo
moeder
tiggu
baby
ɓiɗɗo debbo
dochter
ɓiɗɗo gorko
zoon

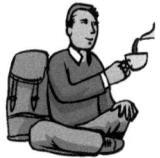

koɗo

gast

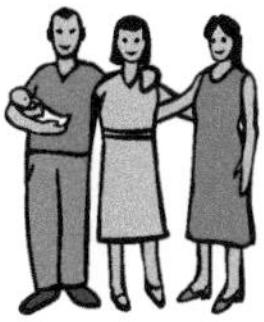

goggiraaɗo

tante

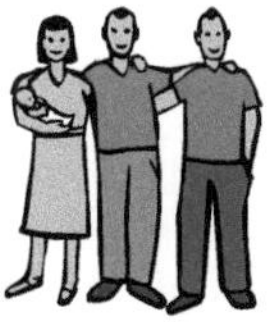

kaawiraaɗo

oom

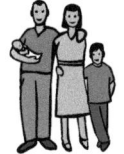

mowniraaɗo gorko

broer

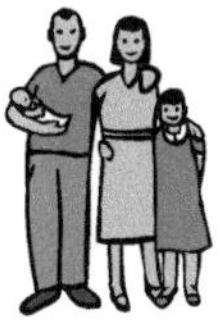

mowniraaɗo debbo

zus

ɓandu
lichaam

tiinde
voorhoofd
yiitere
oog
walabo
schouder
feɗendu
vinger
yeeso
gezicht
waare
kin
jungo
hand
koyngal
been
endu
borst
jungo
arm

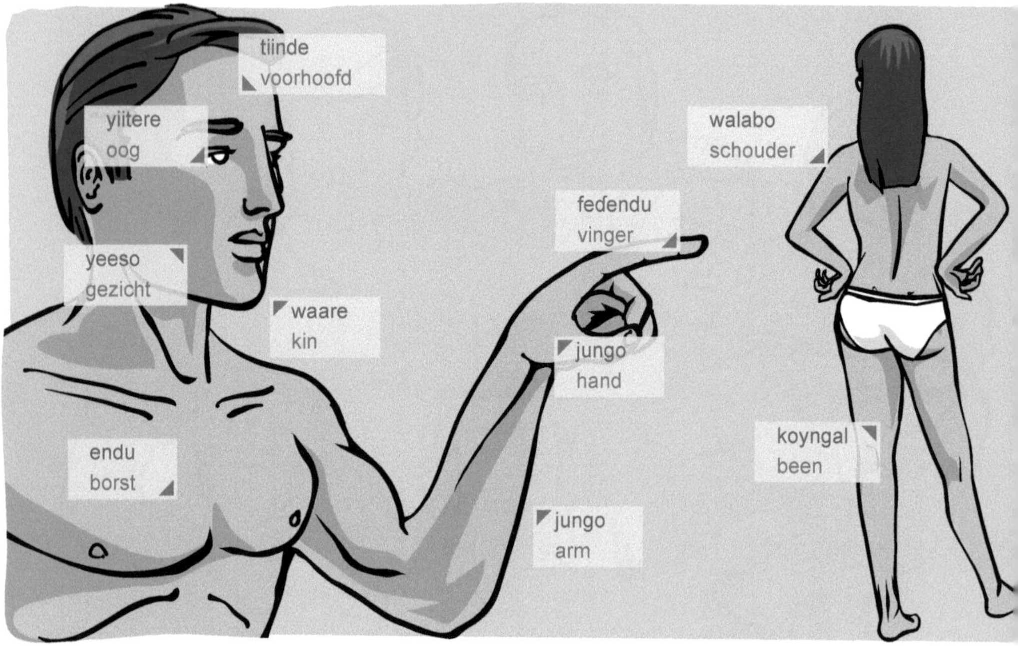

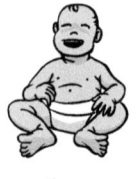

tiggu

baby

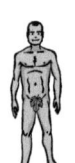

gorko

man

debbo

vrouw

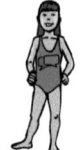

deftere kongoli

meisje

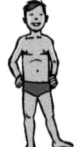

suka gorko

jongen

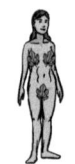

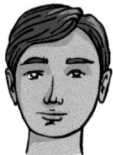

hoore

hoofd

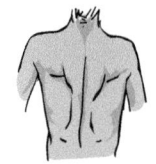

keeci
rug

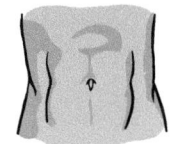

reedu
buik

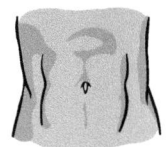

wuddu
navel

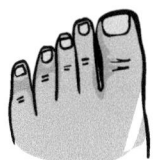

feɗendu koyngal
teen

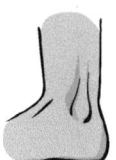

jabborgal
hiel

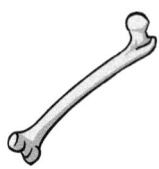

ƴiyal
bot

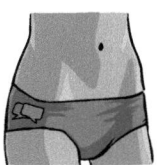

rotere
heup

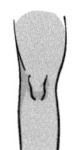

hofru
knie

salndu junngu
elleboog

hinere
neus

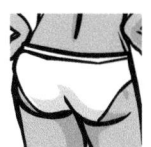

dote
zitvlak

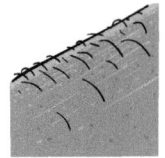

nguru
huid

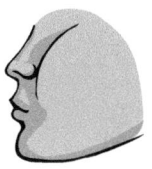

abbulo
wang

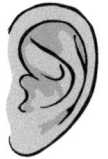

nofru
oor

tonndu
lip

hunuko

mond

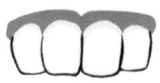

ñiire

tand

ɗemngal

tong

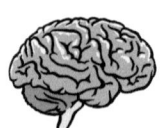

ngaandi

hersenen

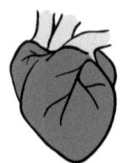

ɓernde

hart

ƴiyal

spier

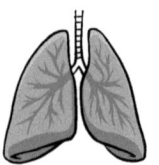

wecco

long

heeñere

lever

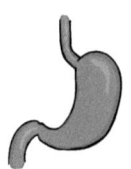

estoma

maag

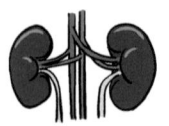

tekteki mawni

nieren

terɗe

seks

laafa ndeenka

condoom

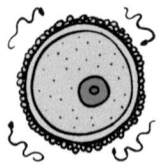

ɓoccoonde maniya

eicel

maniya

sperma

reedu

zwangerschap

ɓandu - lichaam

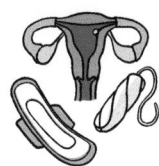

ƴiiƴam ella

menstruatie

farja

vagina

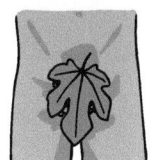

kaake

penis

leeɓi dow yiitere

wenkbrauw

sukunndu

haar

daande

nek

suudu safirdu
ziekenhuis

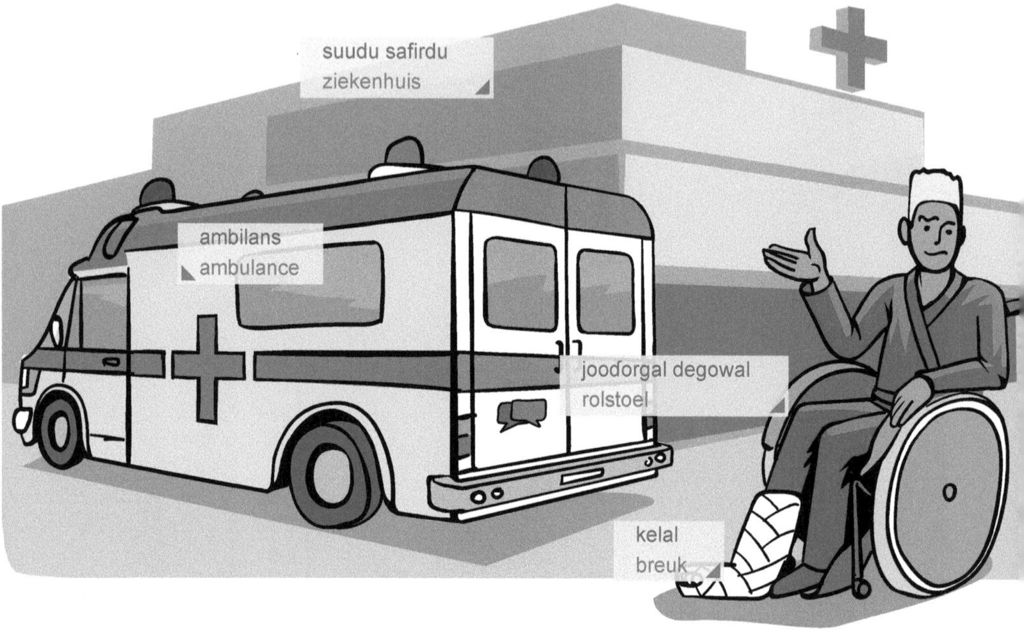

suudu safirdu
ziekenhuis
ambilans
ambulance
jooɗorgal degowal
rolstoel
kelal
breuk

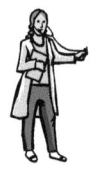

cafroowo

dokter

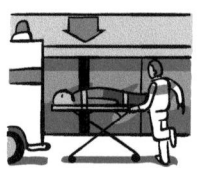

suudo irsaans

spoed

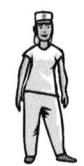

cafroowo

verpleegkundige

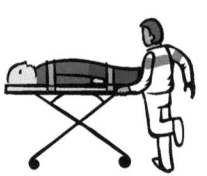

irsaans

noodgeval

paɗɗiiɗo

bewusteloos

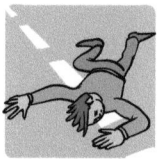

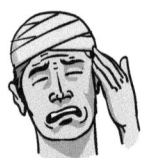

muuseeki

pijn

gaañande

verwonding

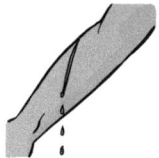

tuyƴude

bloeding

bernde dartiinde

hartaanval

darogol ɓernde

beroerte

alersi

allergie

ɗojjugol

hoest

nguleeki ɓandu

koorts

maɓɓo

griep

reedu dogooru

diarree

muuseeki hoore

hoofdpijn

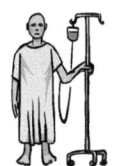

kanser

kanker

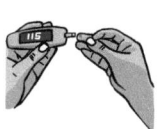

jabet

diabetes

operasiyon

chirurg

ceekirgel

scalpel

operasiyon

operatie

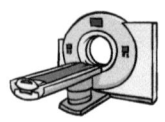

CT

CT

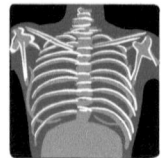

reyon-x

röntgenstraal

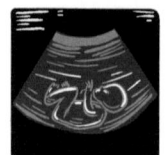

iltarason

ultrageluid

mask yeeso

gezichtsmasker

ñaw

ziekte

suudu sabbordu

wachtkamer

sawru tuggorgal

kruk

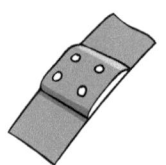

palatar

pleister

bandaas

verband

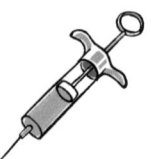

pikkitagol

injectie

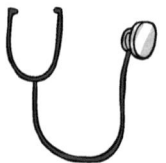

keɗirgel dille ɓandu

stethoscoop

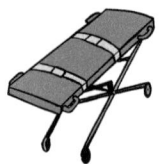

balankaaru

brancard

ɓetirgel nguleeki ɓanndu

thermometer

jibinegol

geboorte

ɓandu ɓurtundu

overgewicht

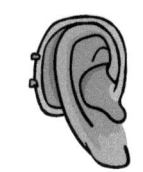

ɓallotirgel nonooje

hoorapparaat

desefektan

ontsmettingsmiddel

infeksiyon

infectie

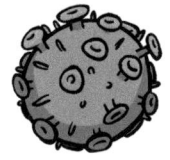

viris

virus

HIV / SIDA

HIV / AIDS

safaara

medicijn

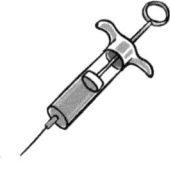

ñakko

vaccinatie

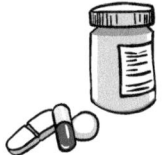

tabletuuji

tabletten

foɗɗere

pil

noddaango heñoraango

noodoproep

ɓetirgel dogdu ƴiiƴam

bloeddrukmeter

sellaani / salli

ziek / gezond

Paaboɗe!

Help!

jangol

overval

yande e

aanval

musiiba

gevaar

damal dandirgal

nooduitgang

Paaboɗe!

Brand!

ñifirgel jeynge

brandblusser

aksida

ongeval

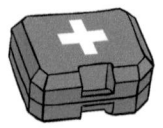

geɗe cafrorɗe gadane

EHBO-kit

BALLAL

SOS

Polis

politie

Erop

Europa

Amerik to Rewo

Noord-Amerika

Amerik to Worgo

Zuid-Amerika

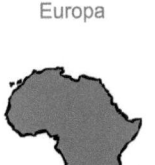

Afiriki

Afrika

Asi

Azië

Ostarali

Australië

Atalantik

Atlantische Oceaan

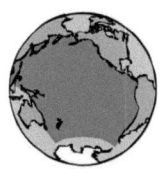

Pasifik

Stille Oceaan

Oseyan Enje

Indische Oceaan

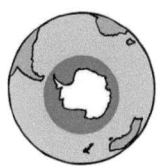

Oseyan Antarktik

Antarctische Oceaan

Osean Arkatik

Arctische Oceaan

Bange Rewo

Noordpool

Bange Worgo

Zuidpool

Antarktik

Antarctica

Leydi

aarde

leydi

land

maayo mawngo

zee

wuro nder ndiyam

eiland

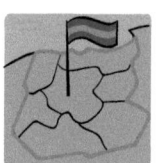

leydi

natie

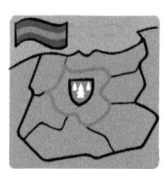

jamaanu

staat

yeeso montoor
....
wijzerplaat

misalel waqtu
....
uurwijzer

misalel hojomaaji
....
minuutwijzer

misalel majanɗe
....
secondewijzer

Hol waqtu jonɗo?
....
Hoe laat is het?

ñalawma
....
dag

saha
....
tijd

jooni
....
nu

montoor disitaal
....
digitale horloge

hojom
....
minuut

waqtu
....
uur

yontere
week

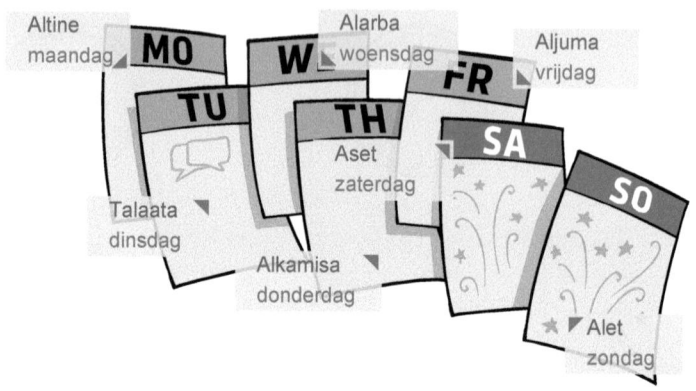

Altine maandag
Alarba woensdag
Aljuma vrijdag
Talaata dinsdag
Aset zaterdag
Alkamisa donderdag
Alet zondag

hanki
gisteren

hande
vandaag

jango
morgen

subaka
ochtend

beetawe
middag

kikiiɗe
avond

ñalawmaaji golle
werkdagen

ñalamaaji fooftere
weekend

hitaande

jaar

tobo
regen
timtimol
regenboog
hendu
wind
nees
sneeuw
caggal dabbunde
lente
ndungu
zomer
dabbunde
herfst
dabbunde
winter

4.APRIL 11°
5.APRIL 4°
6.APRIL 13°
7.APRIL 8°
8.APRIL 10°

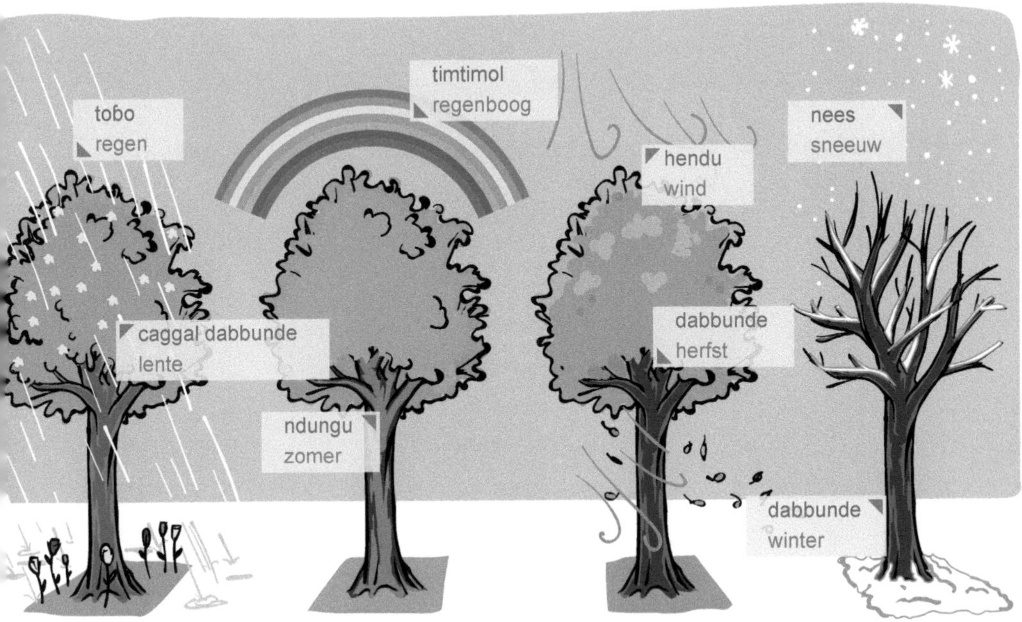

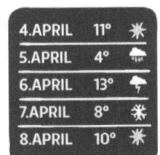

kabrugol geɗe weeyo

weervoorspelling

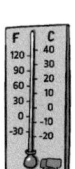

F C
120 40
90 30
60 20
30 10
0 0
-30 -10
-20

ɓetirgal nguleeki

thermometer

nguleeki naange

zonneschijn

duulal

wolk

niɓɓere niwri

mist

ɓuuɓol

vochtigheid

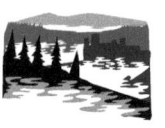

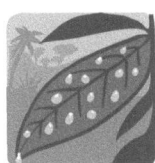

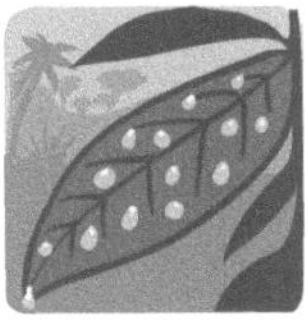

majaango

bliksem

gidango

donder

hendu yaduungo e gidaali

storm

toɓo mawngo

hagel

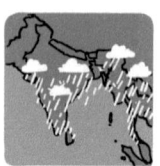

keneeli mawɗi

moesson

toɓo yooloongo

overstroming

galaas

ijs

Janwiye

januari

Feeviriye

februari

Mars

maart

Awril

april

Me

mei

Suwe

juni

Suliye

juli

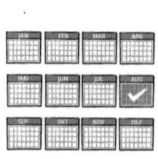

Ut

augustus

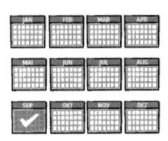

Setanbar

september

Oktobar

oktober

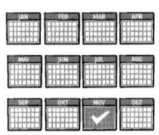

Noowambar

november

Desambar

december

Mbaadi

vormen

taariɗum

cirkel

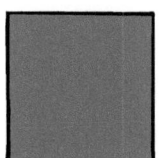

bangeeji potɗi

kwadraat

rektangal

rechthoek

tiriyangal

driehoek

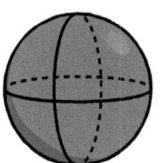

esfeer

bol

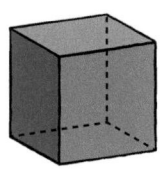

kib

kubus

deneejo

wit

puro

geel

oraas

oranje

roos

roze

boɗeejo

rood

yolet

paars

bulaajo

blauw

werte

groen

baka

bruin

giri

grijs

baleejo

zwart

heewi / famɗi

veel / weinig

mittinɗo / deeyɗo

boos / kalm

yooɗi / soofi

mooi / lelijk

fuɗɗorde / gasirde

begin / einde

mawni / famɗi

groot / klein

leeri / ɗibbiɗi

licht / donker

mawniraaɗo gorko / debbo

broer / zus

laabi / tulmi

proper / vuil

timmi / manki

volledig / onvolledig

ñalawma / jamma

dag / nacht

mayi / wuuri

dood / levend

yaaji / bitti

breed / smal

ñaame / ñaametaake

eetbaar / oneetbaar

bonɗum / moyƴi

kwaadaardig / vriendelijk

weelti / deeƴi

opgewonden / verveeld

ɓutto / cewɗo

dik / dun

gadiiɗo / cakkitiiɗo

eerst / laatst

sehil / gaño

vriend / vijand

heewi / ɓolɗi

vol / leeg

tiiɗi / hoyi

hard / zacht

teddi / hoyi

zwaar / licht

heege / ɗomka

honger / dorst

sellaani / salli

ziek / gezond

dagaaki / dagi

illegaal / legaal

ƴoyi / ƴiƴaani

intelligent / dom

ñaamo / nano

links / rechts

ɓadi / woɗɗi

dichtbij / veraf

keso / kiiɗɗo

nieuw / gebruikt

haydara / huunde

niets / iets

nayeeji / suka

oud / jong

ne heen / ala heen

aan / uit

udditi / uddi

open / dicht

deeyi / dilla

stil / luid

galo / baasɗo

rijk / arm

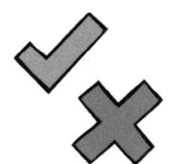

feewi / feewaani

juist / fout

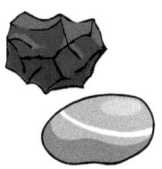

tekki / ɗaati

ruw / glad

suni / weelti

droevig / blij

daɓɓo / jutɗo

kort / lang

leeli / yaawi

traag / snel

leppi / yoori

nat / droog

wuli / ɓuuɓi

warm / koud

hare / jam

oorlog / vrede

0

meere

nul

1

goo

één

2

điđi

twee

3

tati

drie

4

nay

vier

5

joy

vijf

6

jeegom

zes

7

seeđiđi

zeven

8

jeetati

acht

9

jeenay

negen

10

sappo

tien

11

sappo e goo

elf

12

sappo e ɗiɗi

twaalf

13

sppo e tati

dertien

14

sappo e nay

veertien

15

sappo e joy

vijftien

16

sappo e jeegom

zestien

17

sappo e jeeɗiɗi

zeventien

18

sappo e jeetati

achtien

19

sappo e jeenay

negentien

20

noogas

twintig

100

teemedere

honderd

1.000

ujunere

duizend

1.000.000

miliyonŋ

miljoen

Angale

Engels

Angale Amerik

Amerikaans Engels

Mandare Siin

Chinees (Mandarijn)

Indo

Hindi

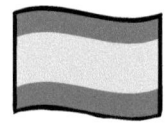

Español

Spaans

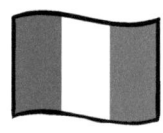

Farayse

Frans

Arab

Arabisch

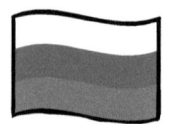

Riis

Russisch

Portige

Portugees

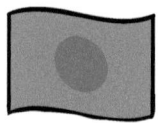

Bengali

Bengali

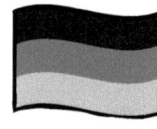

Alma

Duits

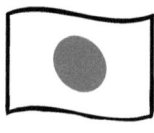

Sappone

Japans

miin

ik

ann

u

kanŋko / kanŋko / kañum

hij / zij / het

minen

wij

onon

u

kamße

ze

holi oon?

wie?

hol đum?

wat?

hol no?

hoe?

hol toon?

waar?

mande?

wanneer?

innde

naam

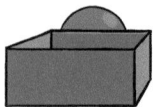

caggal

achter

nder

in

yeeso

voor

hedde

boven

dow

op

les

onder

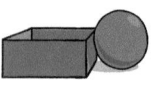

sara

naast

hakkunde

tussen

nokku

plaats